AF453432

le Repas à travers les Ages

par

Guillaume

PARIS

Librairie Ch. Delagrave

15, Rue Soufflot.

DANS L'OLYMPE

LE REPAS D'ESAÜ OU LA PASSION DES LENTILLES

LA MANNE DANS LE DÉSERT

LE FESTIN DE BALTHAZAR

A SPARTE — LE BROUET NOIR

SUIVANT PYTHAGORE

AU PRYTANÉE

CINCINNATUS

LUCULLUS DINE CHEZ LUCULLUS

A LA TABLE DE CLÉOPATRE — UNE VINAIGRETTE PERLÉE

LE FESTIN DE TRIMALCION

CHEZ NOS ANCÊTRES

AU MANOIR · LES JONGLEURS

LE REPAS DU FAISAN

D'APRÈS LE CURÉ DE MEUDON

AU PALAIS BORGIA

HENRI IV DEVANT PARIS

SOUS LE BON ROI HENRI — LA POULE AU POT

LE FESTIN DE PIERRE

MOLIÈRE A LA TABLE DU GRAND ROI

GIL BLAS ET LE PARASITE DE PEGNAFLOR

AU HAMEAU DE TRIANON

CHEZ MADAME RÉCAMIER

1812...

D'APRÈS PAUL DE KOCK

A L'ELYSÉE AUTREFOIS

A L'ÉLYSÉE AUJOURD'HUI

AU BANQUET DES MAIRES

SUR LA TOUR EIFFEL

A L'EXPOSITION

EN FAMILLE

AU REPAS DE NOCE

A LA GAMELLE

EN SCÈNE

AU BAL DE L'HOTEL-DE-VILLE

CHEZ LE TROQUET

A LA SAINT-CHARLEMAGNE

A LA SAINTE-CATHERINE

EN CABINET PARTICULIER

A LA BOUCHÉE DE PAIN

A LA SAINTE-BARBE

A LA REVUE DU 14 JUILLET

AU DERBY

AU BUFFET DE LA GARE

AU MESS

SU L'POUCE

CHEZ LEDOYEN

EN ÉTUDE

MALGRE LES ANTI-FORAINS

AUX AMBASSADEURS

LE REPAS DU PROLÉTAIRE

A BOUGIVAL

AUX CHAMPS

AT CHRISTMAS

A L'OUVERTURE

A LA FERME

AU FIVE O'CLOCK TEA

CHEZ LES ESQUIMAUX

AU SAHARA

CHEZ LES AÏSSAOUAS

CHEZ LES CHINOIS

CHEZ LES CARAÏBES